AMO
E TU?

Illustrazioni e testi: Silvia Serreli
Progetto grafico: Romina Ferrari
Redazione: Elisa Fratton

www.giunti.it

Via Bolognese, 165 - 50139 Firenze - Italia
Piazza Virgilio, 4 - 20123 Milano - Italia
Prima edizione: maggio 2016

FSC
www.fsc.org
MISTO
Carta da fonti gestite
in maniera responsabile
FSC® C016466

Stampato presso Lito Terrazzi srl, stabilimento di Iolo

Silvia Serreli

TEA

Perché devo aspettare?

Giunti Kids

IL MAESTRO CARLO ENTRA IN CLASSE CON UNA CASSETTA COLMA DI VASETTI, UNA BUSTINA DI SEMI E UN GRANDE SACCHETTO DI TERRA.

– OGGI SAREMO DEI GIARDINIERI! – ANNUNCIA.

– GIARDINIERI? – COMMENTANO I BAMBINI.

– SÌ! SEMINEREMO DELLE PIANTINE DI BASILICO! VEDIAMO CHI DI VOI HA IL POLLICE VERDE!

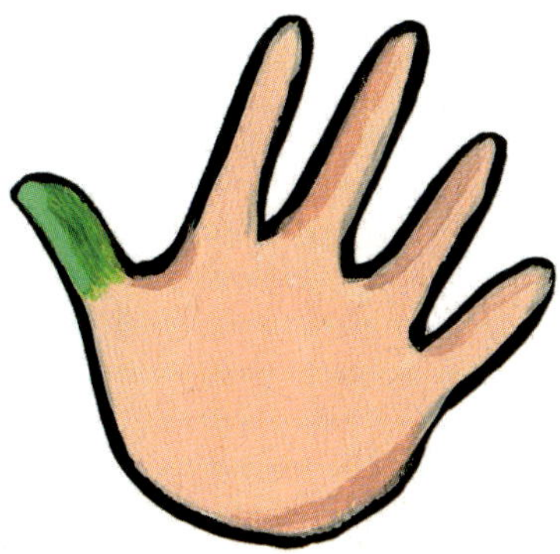

– IO HO IL POLLICE VERDE! – AFFERMA LIU.
– DAVVERO? – DOMANDA TEA SBIRCIANDO LE MANI DELL'AMICA.
– SÌ, UNA VOLTA HO SEMINATO DEI FIORI IN GIARDINO E SONO NATI!
TEA NON HA CAPITO BENE LA STORIA DEL POLLICE VERDE, PERÒ SEGUE ATTENTA LE INDICAZIONI DEL MAESTRO. – RIEMPITE DI TERRA I VASETTI, SPARGETE UN PO' DI SEMINI E COPRITELI CON UN'ALTRA MANCIATA DI TERRA. INFINE INNAFFIATE CON UN GOCCIO D'ACQUA.

– QUANDO IL BASILICO AVRÀ MESSO LE FOGLIE
E SARÀ CRESCIUTO ABBASTANZA, VE LO PORTERETE
A CASA – AGGIUNGE IL MAESTRO. – MA DOVRETE
ASPETTARE QUALCHE GIORNO PRIMA DI VEDER
NASCERE LE PIANTINE.

MENTRE IL MAESTRO SPIEGA CHE IL BASILICO È UNA PIANTA PROFUMATA E LE SUE FOGLIE SI USANO IN MOLTE RICETTE DI CUCINA, TEA DÀ UN'OCCHIATA AI VASETTI. CHISSÀ, MAGARI SPUNTA GIÀ QUALCOSA! MA NON È COSÌ.

– NON MI PIACE ASPETTARE – DICE TEA ALLA MAMMA APPENA TORNATA A CASA. – IO IL BASILICO LO VOLEVO PORTARE VIA SUBITO!

– MA TESORO, OGNI GIORNO A OGNUNO DI NOI CAPITA DI ASPETTARE – SORRIDE LA MAMMA.

– OGNI GIORNO? – DOMANDA TEA.

– CERTO. L'AUTOBUS NON È SEMPRE LÌ PRONTO, SPESSO BISOGNA ASPETTARLO. E IL ROMANZO CHE CERCO DA TEMPO? BE', IN LIBRERIA NON C'ERA E HO DOVUTO ORDINARLO. CHISSÀ QUANDO ARRIVERÀ!

– L'ARTISTA ASPETTA L'ISPIRAZIONE, LA MAMMA ASPETTA IL BAMBINO. MATTIA ASPETTA DI CRESCERE E TU... ASPETTI CHE LE POLPETTE SIANO COTTE! – AGGIUNGE LA MAMMA METTENDOSI A RIDERE. – OGNI GIORNO C'È QUALCHE ATTESA, PICCOLA O GRANDE.

– È VERO, PERÒ... CHE NOIA ASPETTARE! – SOSPIRA TEA.

TEA
MATTIA

– SE CI PENSI BENE INVECE, ASPETTARE NON È COSÌ MALE – CONTINUA LA MAMMA. – PENSA AL NATALE, O AL TUO COMPLEANNO, QUANDO NON VEDI L'ORA DI APRIRE I REGALI.

L'ATTESA RENDE LE COSE PIÙ BELLE... E RENDERÀ IL TUO BASILICO PROFUMATISSIMO!
SE LO DICE LA MAMMA SARÀ VERO, PERÒ IL TEMPO SEMBRA NON PASSARE MAI QUANDO SI ASPETTA!

fiume e
suoi affluenti
AFFLUENTE
FIUME
MARCO
OKSANA

IL GIORNO DOPO IN CLASSE, TEA FA MOLTA FATICA A NON GUARDARE I VASETTI. "IO SO ASPETTARE!" SI DICE, MENTRE PROVA A CONCENTRARSI SULLA LEZIONE DELLA MAESTRA ELGA CHE PARLA DEGLI OCEANI, DEI MARI, DEI FIUMI.

NEI GIORNI SUCCESSIVI PERÒ, TEA ALLE PIANTE DI BASILICO NON CI PENSA QUASI PIÙ. FINCHÉ UNA MATTINA…

– IL BASILICO STA NASCENDO! – ANNUNCIA IL MAESTRO CARLO.

– È VERO! CHE BELLO! – COMMENTANO I BAMBINI.

LE FOGLIE PERÒ SONO ANCORA PICCOLISSIME.
– MI SA CHE CON QUESTE LA MAMMA NON PUÒ CONDIRE LA SALSA DI POMODORO – COMMENTA TEA.

OXA
TEA
Miriam
LI

– TEA HA RAGIONE, È TROPPO PRESTO – CONFERMA IL MAESTRO CARLO. – DOVRETE ASPETTARE ANCORA UN PO' PRIMA DI PORTARE A CASA I VOSTRI VASETTI.

– UFFAAA! – SI LAMENTANO I BAMBINI, PERCHÉ VORREBBERO PRENDERE SUBITO LE PIANTINE.

TEA INVECE NO. "IO SO ASPETTARE!" PENSA, SICURA DI SÉ.

DOPO UNA SETTIMANA IL BASILICO È BELLO ALTO
E LE FOGLIE SONO DELLA GRANDEZZA GIUSTA.
– OGGI PORTERETE A CASA LE VOSTRE PIANTINE! –
ANNUNCIA IL MAESTRO CARLO.
– EVVIVA! – GRIDANO IN CORO I BAMBINI
CORRENDO A PRENDERE CIASCUNO IL PROPRIO
VASETTO.

PIERO
LIU

TEA È L'UNICA A NON CORRERE, ANZI, ASPETTA CHE I COMPAGNI TORNINO AL PROPRIO POSTO. VUOLE GODERSI OGNI ATTIMO DELL'INCONTRO CON LA SUA PIANTINA!

TEA PRENDE IL VASETTO E OSSERVA BENE LE FOGLIE VERDISSIME. CI INFILA IL NASO E INSPIRA PROFONDAMENTE. – CHE BUON PROFUMO! – ESCLAMA.

SÌ, È VALSA LA PENA ASPETTARE!

– TI PIACE IL MIO BASILICO? – DOMANDA TEA AL PAPÀ, APPENA USCITA DA SCUOLA.

– SÌ, È BELLISSIMO, E CHE PROFUMO! – RISPONDE IL PAPÀ.

– È BELLO E PROFUMATO PERCHÉ HO SAPUTO ASPETTARE CHE CRESCESSE BENE! – DICE TEA.

TEA

APPENA ENTRA IN CASA, TEA CORRE INCONTRO ALLA MAMMA.

– MAMMAAA, HO PORTATO IL BASILICOOO! – CANTICCHIA.

– FINALMENTE! – ESCLAMA LA MAMMA.

– POSSO TENERLO SUL COMODINO IN CAMERA MIA? – DOMANDA TEA.

– SULLA FINESTRA DI CUCINA SAREBBE MEGLIO! – SORRIDE LA MAMMA. – AVRÀ LA LUCE E IL CALORE CHE GLI SERVONO!

DOMENICA, QUANDO LA TAVOLA È GIÀ APPARECCHIATA PER IL PRANZO, TEA METTE ALCUNE FOGLIOLINE DI BASILICO NELLA SALSA AL POMODORO CHE STA BOLLENDO SUL FUOCO E IN POCHI SECONDI LA CUCINA È GIÀ TUTTA UN PROFUMO DELIZIOSO!

"CERTO PERÒ, HO ASPETTATO COSÌ TANTO PER ASSAGGIARLO... È MEGLIO METTERLO DAPPERTUTTO!" PENSA TEA METTENDO QUALCHE FOGLIA DI BASILICO ANCHE SUI CROSTINI, SULLE PATATE FRITTE, SULLA CREMA AL FORMAGGIO... E VISTO CHE C'È, NE AGGIUNGE UN PAIO ANCHE SUL CHEESE CAKE AL LAMPONE!

DURANTE IL PRANZO MAMMA, PAPÀ, MATTIA
E I NONNI ENRICA E LEO, MATILDE E VASCO,
NON SEMBRANO TROPPO ENTUSIASTI DI QUELLE
FOGLIOLINE SPARSE OVUNQUE.
TEA PERÒ LI RASSICURA: – SENTIRETE COM'È BUONO
IL MIO BASILICO, PERCHÉ HO ASPETTATO TANTO!
BUON APPETITO!

TEA

IN COLLANA

- QUANTO PESA UNA BUGIA?
- COSA C'È NELLA PANCIA DELLA MAMMA?
- A CHI PIACCIONO LE VERDURE?
- PERCHÉ IL BUIO È COSÌ NERO?
- E TU DI CHE COLORE SEI?
- CHI HA PAURA DEI BULLI?
- COSA FACCIO SE MI ANNOIO?
- E SE NON CI RIESCO?
- MA IO SONO BELLA?
- MI REGALATE UN CUCCIOLO?
- A CHI VOLETE PIÙ BENE?
- PERCHÉ DEVO ASPETTARE?